**Dirk Konnertz & Dirk Jennemann**

## Flirten

### – fit in 30 Minuten

W0174923

Kids auf der Überholspur

Die Deutsche Bibliothek - CIP-Einheitsaufnahme

Konnertz, Dirk:
Flirten : fit in 30 Minuten / Dirk Konnertz ; Dirk Jennemann.
- Offenbach : GABAL, 2001
(Kids auf der Überholspur)
ISBN 3-89749-132-X

Herausgeber: Das LernTeam, Marburg
Lektorat: Astrid Hansel, Frankfurt/Main
Layout, Illustrationen, Titel: Ulf Marckwort, Kassel
Illustration Rücktitel: Martina Foßhag, Kassel
Layout, Satz: Frank Werner, Kassel
Druck und Verarbeitung: Salzland Druck, Staßfurt

© 2003: GABAL Verlag GmbH, Offenbach

2. Auflage 2004

Hinweis:
Dieses Buch ist sorgfältig erarbeitet worden. Dennoch erfolgen
alle Angaben ohne Gewähr. Weder Autoren noch Verlag können
für eventuelle Nachteile oder Schäden, die aus den im Buch
gemachten Hinweisen resultieren, eine Haftung übernehmen.

Printed in Germany

ISBN 3-89749-132-X
www.gabal-verlag.de

Dieses Buch ist so konzipiert worden, dass du in kurzer Zeit erfährst, wie du ein Flirtprofi werden kannst.

● Jedes Kapitel beginnt mit drei zentralen Fragen, die im Verlauf des jeweiligen Kapitels beantwortet werden.

● Nach jedem Kapitel werden die wichtigsten Inhalte noch einmal zusammengefasst.

Da dieses Buch so klar und deutlich strukturiert ist, kannst du es immer wieder zur Hand nehmen, um schnell die für dich interessanten Teile zu wiederholen. Das Stichwortregister wird dir dabei eine zusätzliche Hilfe sein.

# Inhalt

# Hallo und

## herzlich willkommen!

Endlich ist es soweit: Du hältst unseren ultimativen Flirt-ratgeber in der Hand. Scheinbar interessiert dich dieses „heiße" Thema, sonst hättest du nicht zu diesem Buch gegriffen. Flirten ist übrigens laut Umfragen eines der beliebtesten Hobbys von Schülerinnen und Schülern.

**Was ist eigentlich Flirten?**

Die Duden-Redaktion definiert Flirten so: *Liebelei, harmloses, kokettes Spiel mit der Liebe.* Im Brockhaus heißt es: *spielerische Kontaktaufnahme zwischen Mann und Frau mit mehr oder weniger erotischem Akzent.*

Für uns ist Flirten die charmante Annäherung an einen Menschen, den du kennen lernen möchtest, oft verbunden mit dem Test, ob mehr daraus entstehen kann. Flirten sollte auf alle Fälle Spaß machen. Wir möchten dich nun in die Geheimnisse des erfolgreichen Flirtens einweihen:

● Du lernst deine persönlichen Flirtstärken kennen und wir zeigen dir, wie du sie in Zukunft nutzen kannst.

● Wir geben dir Tipps und Hilfestellungen, um deine persönliche Ausstrahlung zu verbessern.

● Du lernst ein Stufenprogramm für den „perfekten Flirt" kennen.

● Du erfährst, wie du selbstbewusst auf andere Menschen zugehen und mögliche „Körbe" verkraften kannst.

### Dankeschön!

Da wir Autoren nicht nur Experten, sondern auch Männer sind, benötigten wir zum Schreiben dieses Buchs natürlich zusätzliche weibliche Unterstützung. Deshalb danken wir an dieser Stelle ganz herzlich Alexandra, Annabel, Barbara, Caro, Charly, Christiane, Christine, Claudia, Diana, Doris, Elke, Franzi, Fred, Friederike, Gabi, Gabriele, Julia I, II und III, Juliana, Juliane, Janina, Katja, Katharina, Kathrin C., Katrin W., Kerstin, Lena, Milena, Nicola, Sabine, Sandra, Sarah, Sina, Tina, Verena und den vielen Teilnehmerinnen (und natürlich auch Teilnehmern!) unserer Schülerferienseminare. Die Erfahrung vieler Flirtkurse, die wir für euch durchgeführt haben, sind uns beim Schreiben dieses Buches eine große Hilfe gewesen.

**Viel Spaß beim Lesen wünschen dir**

**Dirk Konnertz & Dirk Jennemann**
**(www.flirtprofis.de)**

**Wichtige Anmerkung:**
Dieses Büchlein ist sowohl für männliche als auch für weibliche Flirter konzipiert. Zur Vereinfachung haben wir an manchen Stellen nicht immer die männliche und weibliche Form geschrieben (z.B. der Flirtpartner, der Flirttyp etc.). Natürlich meinen wir damit immer beide Geschlechter!

# 1. Flirten
## – eine Kunst?!

**Wie flirtet man mit Erfolg?**

**Welcher Flirttyp bist du?**

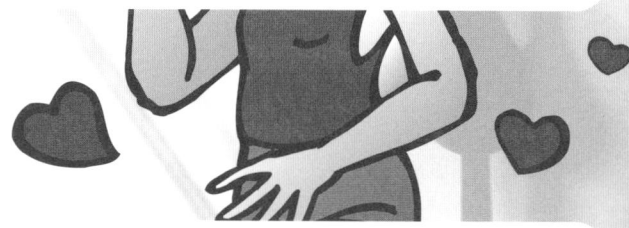

**Kennst du Deine Flirtstärken?**

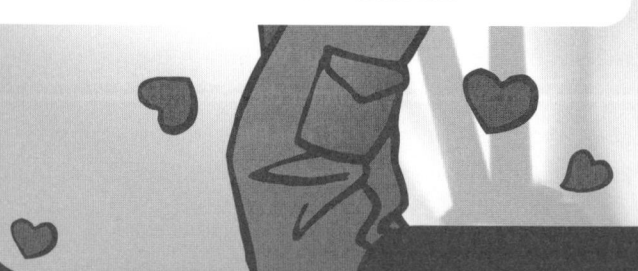

### Flirten – eine Kunst?

Ist es dir vielleicht auch schon so ergangen? Du findest einen Menschen supertoll und bevor du dich traust, ihn anzusprechen, kommt dir jemand zuvor, dem du das überhaupt nicht zugetraut hättest. Die beiden unterhalten sich ausgiebig, lachen und verabreden sich vielleicht. Du wirst Beobachter eines erfolgreichen Flirts, ärgerst dich zu Tode oder weinst deinen verpassten Chancen nach. Mit ein wenig Neid stellst du dir letztendlich die Frage: Wie hat der bzw. die das geschafft?

Es gibt keine allgemeingültigen Erfolgsrezepte fürs Flirten, denn viele Wege können zum Ziel führen. Jeder Mensch kann eine Anziehungskraft auf andere ausüben – unabhängig davon wie er aussieht oder wie intelligent er ist. Wichtig ist, dass du zu dir mit all deinen Stärken und Schwächen stehst und offen und ehrlich auf andere Menschen – in diesem Fall auf deinen Flirtpartner – zugehst.

### Flirten – eine Kunst!

Um erfolgreich zu sein, musst du deine Stärken beim Flirten einsetzen – das ist die Kunst. Welche *deine* Stärken beim Flirten sind, soll dir der folgende Test zeigen.

## Welcher Flirttyp
### bist du?

Gib jeweils der Aussage, die am meisten *auf dich* zutrifft vier Punkte. Die zweitbeste Aussage erhält drei, die drittbeste zwei und die, die am wenigsten passt, einen Punkt.
Kreuz die entsprechende Punktzahl bei jeder Antwort an. Am Ende zählst du alle Punkte, die du für **a, b, c** und **d** vergeben hast und trägst das Ergebnis auf Seite 14 ein. Also los geht's – und sei ehrlich! Überleg dir, wie du wirklich bist, und nicht, wie du vielleicht sein möchtest.

1. **Wenn ich einen attraktiven Flirtpartner sehe,**

   **a)** …gehe ich sofort in die Offensive und spreche ihn/sie direkt an.                                4 ● 3 ● 2 ● 1 ✕

   **b)** …nehme ich mir viel Zeit, um mir zu überlegen, wie ich ihn/sie ansprechen könnte. Nach guter Überlegung lasse ich es dann leider doch oft bleiben.

   4 ✕ 3 ● 2 ● 1 ●

   **c)** …schaue ich ihn/sie aus sicherer Entfernung nett an und hoffe, dass mein Lächeln erwidert wird.

   4 ● 3 ✕ 2 ● 1 ●

   **d)** …versuche ich z.B. durch lautes Sprechen und Gestikulieren auf mich aufmerksam zu machen.

   4 ● 3 ● 2 ✕ 1 ●

**2. Denke ich daran, was ich zu meinem Flirtpartner sagen soll,**

**a)** …fällt mir sofort ein guter Spruch ein.

4 ● 3 ● 2 ● 1 ✗

**b)** …bekomme ich jetzt schon weiche Knie und finde tausend Gründe dafür, warum es schiefgehen wird.

4 ✗ 3 ● 2 ● 1 ●

**c)** …nehme ich mir einen Gedichtband oder Liedtext vor, um eine passende Stelle zu finden.

4 ● 3 ● 2 ✗ 1 ●

**d)** …glaube ich, dass es egal ist, was ich sage. Hauptsache ist, dass es keine peinlichen Redepausen gibt.

4 ● 3 ✗ 2 ● 1 ●

**3. Wenn ich von einem Flirtpartner abgewiesen werde,**

**a)** …sage ich „Macht nichts" und frage nur: Wo ist das nächste Opfer? 4 ● 3 ● 2 ● 1 ✗

**b)** …laufe ich alleine durch die Straßen und frage mich, was ich wohl falsch gemacht habe.

4 ● 3 ✗ 2 ● 1 ●

**c)** …lege ich zu Hause meine traurigste Lieblingsmusik auf und liege deprimiert im Bett.

4 ✗ 3 ● 2 ● 1 ●

**d)** …muss ich allen Leuten erzählen, wie beschissen es mir geht. 4 ● 3 ● 2 ✗ 1 ●

**4. Habe ich mich entschieden, auf einen Flirtpartner zuzugehen,**

**a)** …mache ich das schnell und zielgerichtet.

4 ● 3 ● 2 ✕ 1 ●

**b)** …überlege ich genau, wie ich das anstellen kann.

4 ✕ 3 ● 2 ● 1 ●

**c)** …überlege ich, welches Geschenk ich mitnehmen könnte, z. B. eine Rose, eine Kuschelrock-CD, ein Stofftier etc. 

4 ● 3 ● 2 ● 1 ✕

**d)** …warte ich den richtigen Moment ab, in dem wir uns ungestört und ausgiebig unterhalten können.

4 ● 3 ✕ 2 ● 1 ●

**5. Wo flirtest du am liebsten?**

**a)** Das ist mir egal. Flirten kann ich überall.

4 ● 3 ● 2 ● 1 ✕

**b)** Ich bevorzuge einen Ort, an dem ich mich sicher fühle und wo mich keine Freunde und Bekannten stören.

4 ✕ 3 ● 2 ● 1 ●

**c)** Es muss ein schöner Ort sein, an dem ich mich wohl fühle. Das Ambiente ist entscheidend.

4 ● 3 ● 2 ✕ 1 ●

**d)** Ich entscheide mich für einen Ort, an dem ich mich gut unterhalten kann. 

4 ● 3 ✕ 2 ● 1 ●

**6. Ich verabrede mich mit mit einem Flirtpartner im Kino,**

**a)** …denn „im Dunklen ist gut munkeln"!

4 ◯  3 ✕ 2 ◯  1 ◯

**b)** …weil ich dort nicht viel reden muss.

4 ◯  3 ◯  2 ◯  1 ✕

**c)** …weil wir nach der Vorstellung noch einmal in ein gemütliches Café gehen oder einen Spaziergang im Mondenschein machen können.

4 ✕ 3 ◯  2 ◯  1 ◯

**d)** …weil dort was los ist und ich viele Leute treffe.

4 ◯  3 ◯  2 ✕ 1 ◯

**7. Was ist für dich persönlich entscheidend für einen Flirterfolg?**

**a)** Mut, „Augen zu und durch!" — irgendwie klappt das schon.   4 ◯  3 ◯  2 ✕ 1 ✕

**b)** Dass man den anderen ernst nimmt und gut zuhört.

4 ◯  3 ✕ 2 ◯  1 ◯

**c)** Ein gepflegtes Aussehen, ein ehrliches Auftreten und die entsprechende Umgebung.   4 ◯  3 ◯  2 ✕ 1 ◯

**d)** Der richtige Einstieg ins Gespräch und eine gute und lustige Unterhaltung.   4 ✕ 3 ◯  2 ◯  1 ◯

## 8. Welches Gesicht charakterisiert dich als Flirter?

**a)** 4 ● 3 ● 2 ✕ 1 ●    **b)** 4 ✕ 3 ● 2 ● 1 ●

**c)** 4 ● 3 ✕ 2 ● 1 ●    **d)** 4 ● 3 ● 2 ● 1 ✕

**Auswertung**

a) *12* Punkte  **D-Typ = der/die Draufgängerische**

b) *27* Punkte  **I-Typ = der/die Introvertierte**

c) *21* Punkte  **R-Typ = der/die Romantische**

d) *20* Punkte  **K-Typ = der/die Kommunikative**

DIRK ist ein wunderbar praktisches Flirtmodell, mit dessen Hilfe du dein persönliches Flirtverhalten unter die Lupe nehmen kannst. Wir unterscheiden dabei folgende Flirttypen:

D-Typ (der/die **D**raufgängerische)
I-Typ (der/die **I**ntrovertierte)
R-Typ (der/die **R**omantische)
K-Typ (der/die **K**ommunikative)

Das Testergebnis auf Seite 14 zeigt dir von welchen dieser Flirttypen du mehr bzw. weniger hast. Nur in den seltensten Fällen gibt es reine D-, I-, R- oder K-Typen. So kann z.B. ein eher draufgängerischer Flirter natürlich auch romantische Momente haben oder es einem sehr gesprächigen K-Typen auch einmal die Sprache verschlagen.

**Zur persönlichen Analyse**
Wir stellen dir nun diese unterschiedlichen Flirttypen vor und zeigen Stärken sowie mögliche Engpässe der einzelnen Typen. Denk daran, dass du nicht zu 100 Prozent ein einziger Typ bist. Analysiere deshalb auch immer die Eigenschaften deines zweitstärksten Typs, der sich sicherlich in manchen Situationen immer wieder bemerkbar macht.

**Der D-Flirter (der/die Draufgängerische)**

Der D-Flirter ist ein *zielstrebiger Typ*. Er ist beim Flirten mutig und spontan. Er redet zwar nicht unbedingt viel, hat aber immer einen „coolen" Spruch parat. Leider ist ihm manchmal sein persönlicher Spaß wichtiger als die Gefühle anderer Menschen. Er neigt dazu, andere mit seinen „coolen" Sprüchen zu verletzen oder Flirten nur als eine Möglichkeit der Selbstbestätigung zu sehen.

- mutig und aktiv
- nimmt Dinge in die Hand
- unternehmungslustig

- wirkt macho- bzw. flittchenhaft
- flirtet, um sich oder Freunden etwas zu beweisen
- manchmal zu direkt und mitunter sogar verletzend

**Der I-Flirter (der/die Introvertierte)**

Der I-Flirter ist ein eher *schüchterner Typ*. Er spricht nur in „Notsituationen" jemanden an. Im Gespräch ist er meist sehr zurückhaltend und wird schnell verlegen. Er liebt eine vertraute, sichere Atmosphäre. In fremder Umgebung mit unbekannten Leuten fühlt er sich hingegen unsicher. Wenn er erst einmal „aus der Reserve" gelockt wird, überrascht er oft mit viel Witz und Herzlichkeit.

● geht beim Flirten überlegt zur Sache
● nimmt den Flirtpartner ernst
● ist sensibel und ein guter Zuhörer

● übervorsichtig, weil er seine Flirtkünste unterschätzt
● wirkt unnahbar, weil er sich gerne zurückzieht
● sehr zurückhaltend – wirkt deshalb unauffällig und manchmal langweilig

**Der R-Flirter (der/die Romantische)**

Der R-Flirter ist ein *smarter Typ*. Für ihn spielen die richtige Umgebung, Atmosphäre und Stimmung beim Flirten eine wichtige Rolle. Er ist ein sehr gefühlsbetonter Mensch und versucht, mit Worten und Taten seinen Flirtpartner „um den Finger zu wickeln". Wenn seine Komplimente überhand nehmen, kann er leicht zur Nervensäge werden.

● freundlich und charmant
● phantasievoll
● liest Wünsche und Interessen von den Lippen ab

● reagiert auf Worte und Reaktionen überempfindlich
● wirkt anbiedernd und schleimig und im Extremfall wie ein „Weichei"
● nervt mit zu vielen Komplimenten

### Der K-Flirter (der/die Kommunikative)

Der K-Flirter ist ein *extrovertierter Typ*. Er spricht alles an, was zwei Beine hat und hat immer was zu erzählen. Er fühlt sich wohl, wenn er im Mittelpunkt steht. So sorgt er im Freundeskreis immer für gute Unterhaltung. Wenn er seine Gesprächigkeit jedoch beim Flirten übertreibt und seinen Flirtpartner lediglich zutextet, kann ihm das leicht zum Verhängnis werden.

- sehr kontaktfreudig und gesprächig
- sorgt für Unterhaltung und Abwechslung
- kann andere mit seiner guten Laune anstecken

- redet zu viel – wird zur Quasselstrippe
- hat Schwächen beim Zuhören – wirkt oft oberflächlich
- muss gebremst oder unterbrochen werden, wenn er zu nerven beginnt

# Du willst so bleiben,
## wie du bist?  Du darfst!

Auf den letzten Seiten hast du etwas über deine Flirtstärken erfahren.

**Stärke deine Stärken, dann schwächst du deine Schwächen**
Versuch nicht ein anderer Flirttyp zu sein als du bist.

- Akzeptiere dich selbst mit allen deinen Stärken und Schwächen – jeder Mensch hat Schwächen!
- Konzentriere dich auf deine starken Eigenschaften, dann schwächst du automatisch deine Schwächen!
- Spiel niemandem etwas vor, denn eine „Fassade" wird von deinem Flirtpartner schnell entlarvt – das kann peinlich werden!

Deshalb: Trag hier deine ganz persönlichen Flirtstärken ein, auf die du dich in Zukunft konzentrieren willst.

**Meine Flirtstärken:**

Auf den folgenden Seiten erhält jeder Flirttyp seine persönliche Gebrauchsanweisung für dieses Buch.

**Lieber D-Flirter, liebe D-Flirterin!**

In *Kapitel 2* lernst du, wie du offen, nett und attraktiv auf deinen Flirtpartner zugehen kannst. Helfen wird dir dabei deine mutige und unternehmungslustige Art.

Die Kunst der perfekten Übereinstimmung – körpersprachlich und verbal – lernst du in *Kapitel 3* kennen. Dabei geht es darum, den Flirtpartner nicht zu überrumpeln, sondern durch zaghaftes Herantasten zu erkennen, ob er zum Flirten überhaupt bereit ist.

Bevor du bei der Kontaktaufnahme einen dummen Spruch bringst, können dir sicherlich unsere „Notanker" in *Kapitel 4* helfen.

**Lieber I-Flirter, liebe I-Flirterin!**

In *Kapitel 2* erfährst du, wie du – vor allem unter Einsatz deiner Körpersprache – mehr Ausstrahlung und dadurch mehr Aufmerksamkeit bekommst.

Wie du deine Stärken – deine Sensibilität, gutes Zuhören und überlegtes zur Sache gehen – weiter ausbauen kannst, erfährst du in *Kapitel 3*. Du lernst dabei, dich verbal und non-verbal noch stärker auf deinen Flirtpartner einzustellen.

*Kapitel 4* liefert dir sicherlich eine Menge hilfreicher Tipps, um mehr Selbstvertrauen zu erlangen und Sicherheit in die eigenen Flirtfähigkeiten zu bekommen.

**Lieber R-Flirter, liebe R-Flirterin!**

In *Kapitel 2* wirst du erfahren, wie du deinen bereits vorhandenen Charme und deine Freundlichkeit richtig nutzen kannst – ohne dich dabei anzubiedern. Wie wichtig es ist, deinem Flirtpartner Freiheit und Zeit zu lassen, sich auf dich einzustellen, erfährst du in *Kapitel 3*. Die verschiedenen Schritte für ein erfolgreiches Flirten werden dir bei der Vorbereitung zu einem romantischen Rendevous eine große Hilfe sein.

Wie du besser mit Hemmungen und Unsicherheiten umgehst und was du tun kannst, um nach einem „Korb" nicht völlig zerstört am Boden zu liegen, zeigen wir dir in *Kapitel 4*.

**Lieber K-Flirter, liebe K-Flirterin!**

In *Kapitel 2 und 3* lernst du, deine bereits guten Kommunikationsfähigkeiten gezielter, wirkungsvoller und vor allem rücksichtsvoller einzusetzen.

Wir zeigen dir, wie du dich und deine Körpersprache kontrollieren und mit deinem Flirtpartner in Einklang bringen kannst – ohne ihn mit Worten zu überrumpeln.

In der „Pannenhilfe" in *Kapitel 4* erfährst du, was du tun kannst, wenn dir beim ersten Kontakt die *richtigen* Worte fehlen und wie du dich nach möglichen Misserfolgen beim Flirten wieder aufbauen kannst.

**Tipp für alle Typen: „Erkenne" deinen Flirtpartner!**

Das DIRK-Flirttypen-Profil hilft dir nicht nur, dich selbst besser kennen zu lernen, sondern auch, deinen Flirtpartner besser einzuschätzen.

Wirkt er auf den ersten Blick eher introvertiert oder extrovertiert? Denn mit einem direkten und schnellen Flirt kannst du einen introvertierten I-Typen eher „überfahren" als einen extrovertierten D- oder K-Typen.

Viel Aufschluss darüber, wie du dich deinem Flirtpartner richtig nähern kannst, gibt dir die Körpersprache. Darüber wirst du im nächsten Kapitel eine Menge erfahren.

### Zusammenfassung

Mit Hilfe unseres DIRK-Flirttypen-Profils kannst du erkennen, welcher Flirttyp du bist und welche Stärken bzw. Schwächen du beim Flirten hast. Wir unterscheiden vier Typen:

- den draufgängerischen,
- den introvertierten,
- den romantischen und
- den kommunikativen Flirttyp.

Nur wenn du dich beim Flirten so gibst, wie du bist und dich nicht verstellst, wirst du zu einem erfolgreichen Flirter. Also: Bleib so, wie du bist, aber: Konzentriere dich auf die starken Eigenschaften deines Flirttyps!

# 2. Mit Ausstrahlung zum Erfolg

„Charisma" – was ist das ?

Weißt du, wie wichtig ein Lächeln ist?

Wie wichtig ist das richtige Outfit beim Flirten?

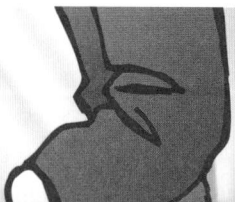

Kennst du das? Du bist auf einer Party und jemand betritt den Raum. Obwohl diese Person nicht besonders aufregend aussieht und auch nicht gerade auffällig gekleidet ist, erregt sie sofort deine ganze Aufmerksamkeit. Du findest sie interessant und würdest sie gerne kennen lernen.

Dieser Mensch interessiert dich, weil er das hat, was man eine positive *Ausstrahlung* oder *Charisma* nennt. Vielleicht hat er Glück gehabt, vielleicht wurde es ihm in die Wiege gelegt und er hat schon im Kindergarten die anderen fasziniert – vielleicht hat er es aber auch einfach „nur" gelernt.

**Was ist Ausstrahlung?**
Ausstrahlung kommt von „strahlen". Um etwas Positives *aus*zustrahlen, musst du erst einmal positiv nach *innen* strahlen, dich also selbst mögen und so akzeptieren wie du bist. Ein Mensch mit Ausstrahlung und Charisma
● ist positiv und zufrieden,
● hat Selbstbewusstsein,
● ist interessant und anziehend.

Überleg einmal, welche deiner Freunde, Verwandten und Bekannten über eine besondere Ausstrahlung verfügen und was die Gründe dafür sind.

Ausstrahlu

# Der erste Eindruck

Wie wichtig der erste Eindruck beim Flirten ist, zeigt dir folgende Regel:

**Die Drei-Sekunden-Regel**
Ob du bei einem Flirtpartner Erfolg hast, entscheidet sich innerhalb der ersten drei Sekunden, wenn ihr euch das erste Mal seht. In dieser kurzen Zeit entsteht der berühmte erste Eindruck, der oft schon darüber entscheidet, ob er dich interessant findet und dich gerne kennen lernen möchte.

Natürlich hast du in diesen drei Sekunden nicht viele Möglichkeiten, deinen Flirtpartner durch Worte oder Taten von dir zu überzeugen. *Der erste Eindruck ist im Wesentlichen von deiner Ausstrahlung und deinem äußeren Erscheinungsbild abhängig.*
Auch wenn dich jemand vielleicht zu unrecht als eher uninteressant einstuft, ist es sehr schwer, diesen ersten Eindruck umzukehren. Deshalb sei dir darüber im klaren, was du ausstrahlst und wie du auf andere Menschen wirkst.

Dein erster Eindruck wird zu 38 Prozent durch deine Stimme und zu 55 Prozent durch deine Körpersprache bestimmt. Dazu gehören dein Gang, deine Haltung, Gestik und Mimik. Das, was du inhaltlich sagst, prägt den ersten Eindruck, den du hinterlässt, nur zu 7 Prozent. Wichtig ist also meist nicht, *was* du sagst, sondern *wie* du es sagst – zumindest im ersten Moment.

**Tu etwas für deine positive Ausstrahlung**
Deine Ausstrahlung ist immer davon abhängig, wie du zu dir selber stehst und wie es dir gerade geht. Kannst du dich selbst nicht leiden, hast schlechte Laune oder bist unzufrieden, so strahlst du dies auch aus. Man sieht es dir an deiner Körpersprache an, und du verbaust dir die Möglichkeit auf einen netten Flirt.

Um die „Chance der ersten drei Sekunden" nicht an dir vorbeiziehen zu lassen, solltest du also etwas für deine positive Ausstrahlung tun:
● Akzeptiere deine Schwächen – die hat jeder Mensch.
● Erkenne deine Stärken, und lerne dich zu „lieben".
● Lächle und geh optimistisch durchs Leben.
● Sei offen und überzeuge durch Natürlichkeit.

**Was tun bei schlechter Laune?**
● Überleg, woran es liegt, dass es dir nicht gut geht.
● Sprich mit einem Freund/einer Freundin darüber.
● Gönn dir etwas, tu dir etwas Gutes.
● Treib Sport oder mach etwas Kreatives.
● Entspann dich bei deiner Lieblingsmusik.

Wie du bereits weißt, ist der erste Eindruck zu 93 Prozent von deiner Körpersprache abhängig. Deine Stimme, dein Gang, deine Haltung, Gestik und Mimik beeinflussen deine Ausstrahlung. Wenn du dich zum Beispiel beim Flirten unsicher fühlst, signalisiert dein Körper deinem Flirtpartner Unsicherheit. Aber keine Angst: Eine gewisse Schüchternheit kommt bei vielen Menschen sogar sehr gut an. Genauso signalisierst du einem Flirtpartner über deine Körpersprache, dass du ihn interessant findest und ihn gerne kennen lernen möchtest.

Das Schlechteste, was du machen kannst, ist, eine „Maske" aufzusetzen, denn das wirkt künstlich. Den größten Flirterfolg wirst du haben, wenn du zu dir selbst stehst und nicht versuchst, deine Gefühle und Gedanken z.B. durch eine supercoole Körpersprache zu überspielen.
Außerdem: Wenn du weißt, *welche* Signale der Körper meist unbewusst sendet, gelingt es dir auch besser, andere Menschen einzuschätzen und richtig auf sie zuzugehen.

### Dein Gang und deine Haltung
Einen besonders großen Eindruck hinterlässt du durch deinen Gang und deine Körperhaltung. Ein schlurfender, schleppender Schritt zum Beispiel zeigt, dass dich irgend-

etwas bedrückt oder dir gerade alles egal ist. Im Gegensatz dazu drückst du durch einen aufrechten und zielstrebigen Gang aus, dass du weißt, was du willst. Eine gerade, aufrechte Haltung und ein fester Stand wirken selbstbewusst, zeigen, dass du zu dir selber stehst und auch „innerlich" ein aufrechter Mensch bist. Hinderlich für einen Flirt ist die sogenannte „Null-Bock-Haltung": eine schlaksig-lässige Haltung mit hängendem Kopf und Schultern. Das vermittelt deinem Flirtpartner, dass du energie- und kraftlos bist.

Deshalb:
● Steh gerade und fest auf beiden Beinen!
● Drück durch einen zielstrebigen Gang aus, dass du weißt, was du willst!
● Wende dich deinem Flirtpartner zu! Das wirkt offen und signalisiert dein Interesse an ihm.

**Deine Mimik**

Mit deinem Mienenspiel drückst du alle deine Gefühle und Gedanken aus. Schaust du freundlich und herzlich, so signalisierst du deinem Flirtpartner Interesse und Offenheit. Verziehst du hingegen keine Miene, so wirkst du uninteressiert, teilnahmslos oder sogar abschätzig.

Um einen Flirt zu beginnen, musst du erst einmal Blickkontakt herstellen. Pass aber auf, dass du deinen Flirtpartner nicht anstarrst, musterst oder mit deinen Blicken „auffrisst". Das führt nur dazu, dass er sich unwohl fühlt.

Besonders wichtig wird die Mimik, wenn du dich unterhältst. Durch deine verschiedenen Gesichtsausdrücke signalisierst du deinem Flirtpartner, ob du ihm folgst, was du über das Gesagte denkst, oder ob du vielleicht ganz anderer Meinung bist als er.

● Schau freundlich und signalisiere dein Interesse durch ein Lächeln!

● Blick deinem Flirtpartner in die Augen, aber mustere ihn nicht!

● Dein Gesicht ist wie ein Spiegel deiner Gedanken und Gefühle – sei deshalb offen und ehrlich!

**Deine Gestik**

Mit deiner Gestik kannst du alles das, was du inhaltlich sagst, zusätzlich unterstützen. Meist geschieht das völlig unbewusst. Jede Gestik signalisiert auch eine bestimmte innere Haltung. So signalisieren verschränkte Arme, ein gesenkter Kopf oder die Hände in den Hosentaschen, dass du nicht bereit bist, mit jemandem zu flirten.

Flirtprofis hingegen „reden mit den Händen". Durch die Freiheit, die du deinen Händen und Armen gibst, signalisierst du wiederum Offenheit. Viele K-Typen gestikulieren zu stark und zu wild. Als solcher solltest du dich ein wenig bremsen, da dies sonst zu aufdringlich wird. Also:

● Hände aus der Hosentasche!
● Verschränke deine Arme nicht vor dem Körper!
● Unterstütze und veranschauliche das, was du sagst!

**Deine Stimme**

„Der Ton macht die Musik": Der Tonfall, die Melodik und der Rhythmus deiner Stimme vermitteln deinem Flirtpartner deine Stimmung, deshalb:

● Verleih deiner Stimme Ausdruck, indem du sie senkst und hebst – das macht Lust, dir zuzuhören!
● Sprich deutlich und pass die Lautstärke der Umgebung an!
● Mach Pausen, damit dein Flirtpartner sich einklinken kann!

Mit wem würdest du dich lieber unterhalten?
Wen würdest du lieber kennen lernen?

◯ Kandidat 1          ◯ Kandidat 2

Wenn du dich für Kandidat 2 entschieden hast, geht es dir
so wie den meisten Menschen. Fast jeder würde lieber die
Person mit dem sympathischen und freundlichen Ausdruck
ansprechen. Sei dir dessen beim Flirten immer bewusst:
So wie du bist und dich verhältst, so sind auch die anderen
zu dir. Du kennst bestimmt das alte Sprichwort: „Wie man
in den Wald hineinruft, so schallt es auch heraus."
Mit strahlenden Augen und einem freundlichen Gesicht
legst du den Grundstein für einen erfolgreichen Flirt.

## Lächle – Lächeln wirkt wahre Wunder

Eine Statistik besagt, dass fast jeder Flirt mit einem Lächeln beginnt. Die Erklärung dafür ist relativ einfach: Willst du mit jemandem flirten, so musst du ihm erst einmal auffallen und dein Flirtinteresse signalisieren. Wie kannst du das leichter als mit einem netten Blick oder einem Lächeln, denn gerade das erregt ja positive Aufmerksamkeit. Bist du dir eigentlich bewusst, was dein Lächeln alles bewirken kann?

Durch ein Lächeln
- fällst du auf und signalisierst Offenheit,
- wirkst du sympathisch, zufrieden und ausgeglichen,
- ermunterst du andere Menschen dich anzusprechen,
- machst du anderen eine kleine Freude,
- nimmst du anderen die Angst, du könntest unfreundlich sein,
- bringst du dich selbst in eine gute Stimmung und
- erhöhst du somit deine Flirtchancen um ein Vielfaches.

Probier es einfach einmal aus. Lächle auf der Straße, in der Bahn, im Café oder in der Schule… Du wirst merken, dass kaum jemand negativ auf dein Lächeln reagiert.

**Lächle weiter!**

Wenn du merkst, dass die meisten Menschen zunächst gar keine Reaktion auf dein Lächeln zeigen, so lass dich davon nicht verunsichern. In verschiedenen „Lächel-Tests" wurde untersucht, wie Menschen auf ein erstes Anlächeln reagieren: 18 Prozent zeigen eine sofortige positive Reaktion, nur zwei Prozent reagieren negativ. Die meisten Menschen (80 Prozent) zeigen jedoch erst einmal keine Reaktion. Sie machen ein neutrales „Poker-Face", weil sie sich erst einmal auf die neue Situation einstellen müssen.

*Gib also niemals nach dem ersten Anlächeln auf, sondern lächle weiter. Lächle, lächle, lächle!*

**Das Geheimnis der strahlenden Augen**

Deine Augen sind der kürzeste Weg zu deinen Mitmenschen. Durch einen Blick in die Augen gelingt es dir auch am leichtesten, jemandem „näher" zu kommen und mit ihm ins Gespräch zu kommen. Hat dich schon einmal ein Mensch mit seinen strahlenden Augen „verzaubert"? Mit Sicherheit! Aber kennst du das Geheimnis dieses Funkelns? Ernährungswissenschaftler behaupten, einen großen Anteil habe das Spurenelement Zink, das vor allem in Vollkornprodukten enthalten ist. Zink wird, wie viele andere Nährstoffe auch, im Auge gespeichert. Wenn sich beim Flirten viel Zink im Auge befindet, bewirkt dies ein unwiderstehliches Glitzern.

# Dein perfektes

## Flirtoutfit

Es ist Freitagabend. Du willst ausgehen und dich in ein „Flirtabenteuer" stürzen. Du stehst vor dem Spiegel und fragst dich: „Was zieh ich bloß an?" Diese Situation kommt dir sicherlich bekannt vor. Doch wie sieht es aus – das perfekte Flirtoutfit? Gibt es das überhaupt? Wenn ja, was gehört dazu? Wir sind der Meinung, dass es *das* perfekte Flirtoutfit für jedermann nicht im Laden zu kaufen gibt. *Dein* perfektes Flirtoutfit hingegen schon, denn das sind Klamotten, die zu dir passen und deine Persönlichkeit unterstreichen. Überleg also, was in Frage kommen könnte, und lass dich auch von einem Freund oder einer Freundin beraten.

**Jeans? Buffalos? Röcke? Sneakers? Hemden?**
Wichtig an deiner Kleidung sind nicht die Marke, der Preis oder der „allgemeine Mode-Trend". Wichtig ist, dass du dich in deinen Klamotten wohl fühlst und sie deinen Typ unterstreichen. Nicht jedem stehen Stöckelschuhe oder lässige Pullis. Genauso sehen andere in Baggy-Pants oder schicken Hemden „verkleidet" aus. Die Kleidung, die du trägst, ist Teil deiner Persönlichkeit und Teil des ersten Eindrucks, den du auf andere machst. Im Anzug wirkst du anders als in Jeans und Turnschuhen. Gleichzeitig bist du durch die Art deiner Kleidung auch für unterschiedliche Menschen interessant.

**Körperpflege ist das A und O**

Neben der Kleidung gehört selbstverständlich auch die Körperpflege zu deinem Outfit. Wie wichtig sie für deinen Flirterfolg ist, zeigt dir das Ergebnis einer Untersuchung zu den *größten Flirt-Abtörnern:*

1. Körpergeruch (79 Prozent)
2. Besserwisserei (71 Prozent)
3. unsaubere Zähne, Mundgeruch (68 Prozent)
4. feuchte Aussprache (59 Prozent)

Deshalb pflege und verwöhne deinen Körper. Du tust dadurch auch deiner Seele und deinem Selbstbewusstsein etwas Gutes und fühlst dich wohler in deiner Haut. Automatisch strahlst du dieses Wohlgefühl auch nach außen aus und wirkst positiv auf deine Umwelt.

**Weniger ist manchmal mehr**

Als Mädchen solltest du darauf achten, nicht zu stark geschminkt zu sein, weil du dann von vielen Jungen nicht mehr ernst genommen wirst. Schmink dich deshalb dezent, unterstreiche deine Vorzüge, aber behalte immer deine Natürlichkeit.

Genauso dezent solltest du Deo und Parfüm einsetzen. Ein zu starker Geruch nach Duftwasser wirkt aufdringlich und abstoßend.

## Zusammenfassung

● Dein Flirterfolg hängt zum größten Teil von deiner Ausstrahlung ab. Du wirkst zu 38 Prozent durch deine Stimme und zu 55 Prozent durch deinen Gang, deine Haltung, Gestik und Mimik auf andere. Die Signale, die dein Körper sendet, sind wie ein Spiegel deiner Gefühle und Gedanken.

● Deshalb: Akzeptiere dich so wie du bist, mit all deinen Stärken und Schwächen. Lerne dich zu lieben! Nur wer positiv nach innen strahlt, hat auch eine positive Ausstrahlung nach außen.

● Lächeln ist das Geheimrezept des Flirtens. Lächle und geh positiv durchs Leben!

● Achte auf dein persönliches Flirtoutfit. Kleide dich deinem Typ entsprechend und sauber.

**Wie kommt es zu einem erfolgreichen Flirtgespräch?**

**Kennst du die „Angel-Technik"?**

**Welche Spielregeln gibt es beim Flirten?**

Heute ist es soweit: Du bist gut drauf und freust dich auf einen schönen Abend. Du hast Lust auszugehen und ein paar nette Leute kennen zu lernen. Frisch geduscht und gerüstet mit einer guten Portion Selbstbewusstsein überlegst du dir, wo es hingehen soll. Sicher gibt es Orte, an denen es dir leichter fallen wird, jemanden kennen zu lernen – Orte, die sich besonders gut zum Flirten eignen. Dazu gehören z. B. Cafés und Kneipen, aber auch das Schwimmbad, der Stadtpark, der Bus, die Straßenbahn oder der Supermarkt. Besonders gut lässt es sich sicher auch auf Privatpartys flirten, genauso wie der Flirt in der Disco seinen Reiz haben kann. Bei zu lauter Musik bleibt es dort allerdings oft nur beim „Augenflirt", da ein nettes Gespräch für beide sehr anstrengend sein kann.

**Flirten kannst du überall!**
Fast überall dort, wo sich Menschen aufhalten, kannst du flirten. Gehst du optimistisch, gut gelaunt und mit einer freundlichen Ausstrahlung durchs Leben, so wirst du viele Möglichkeiten zum Flirten finden.

Auf den folgenden Seiten erfährst du, wie du am besten vorgehen solltest, wenn du jemanden kennen lernen und mit ihm flirten willst. Außerdem bekommst du eine Reihe von Tipps und Tricks an die Hand, die es dir erleichtern, ein erfolgreiches Flirtgespräch zu führen.

# Gleich zur Sache, Baby?

Alle Vorbereitungen sind getroffen, und du bist bereit zum „perfekten Flirt". Bevor es jedoch richtig losgeht, erfährst du noch ein paar wichtige Dinge über das „Distanzverhalten" von Menschen.

Beobachte einmal verschiedene Menschen, die sich unterhalten. Dir wird auffallen, dass viele einen bestimmten „Sicherheitsabstand" zueinander einhalten. Manche hingegen stehen sich sehr nahe. Wie nah du jemandem kommst, ist abhängig von deiner Beziehung zu ihm. Sicher genießt du die körperliche Nähe von Menschen, die dir sehr vertraut sind, die du magst. Doch was ist, wenn dir Menschen, zu denen du eine ganz andere Beziehung hast (z.B. zu deinem Lehrer), zu nahe kommen? Es ist dir unangenehm! Deshalb bleibt ihr auch auf Distanz zueinander, so wie du oftmals zwischen dir und einer anderen Person im Bus, in der Straßenbahn oder im Kino einen Platz freilässt. Dieses Verhalten spielt auch beim Flirten eine wichtige Rolle.

### Zone 1: Die Intimzone
Streckst du deinen Arm aus und ziehst einen Kreis um deinen Körper, so markierst du deine Intimzone. Diese Zone umfasst alles, was sich bis ca. 60 Zentimeter um dich herum befindet. In deine Intimzone lässt du nur Personen, die dir sehr vertraut sind und die du sehr gern magst.

Wenn sich Menschen z.B. im Fahrstuhl oder in der Bahn gezwungenermaßen so nahe kommen, fühlen sie sich sichtlich unwohl dabei. Die körperliche Nähe wird dann durch ein „Vermeidungsverhalten" in den übrigen Körpersignalen ausgeglichen: Man schaut sich nicht in die Augen, sondern auf den Boden oder an die Decke.

### Zone 2: Die persönliche Zone

*Die persönliche Zone* fängt bei etwa 60 Zentimetern an und reicht bis ungefähr 1,20 Meter um dich herum. In diese Zone lässt du viele deiner Freunde und Bekannten. Es ist der Bereich, in dem du dich am besten unterhalten kannst und der als die „ideale Flirtdistanz" gilt.

### Zone 3: Die öffentliche Zone

Die Zone außerhalb der persönlichen Zone ist *die öffentliche Zone*. Das ist der Abstand, den du unbewusst zu Menschen einnimmst, zu denen du keinen näheren Kontakt hast bzw. wünschst, z.B. zu dir unbekannten Menschen auf der Straße, im Aufzug, im Bus…

Erfolgreiches Flirten läuft fast immer nach den gleichen Regeln ab. Deshalb solltest du unter Beachtung der Distanzzonen am besten folgendermaßen vorgehen:

### Stufe 1: Ein netter Blick aus der öffentlichen Zone

Wie du bereits weißt, beginnt fast jeder Flirt mit dem Blickkontakt und einem ersten Anlächeln. *Der erste Blickkontakt erfolgt immer aus der öffentlichen Zone.* So wirkt dein Blick nicht aufdringlich und dein Flirtpartner hat einen Raum zum „Flüchten". Dein Lächeln ist übrigens bis zu einer Entfernung von 45 Metern als solches zu erkennen. Denk an die Erkenntnisse des „Lächeltests", und gib niemals nach dem ersten Anlächeln auf. Wenn dein Flirtpartner nach deinem zweiten oder dritten freundlichen Lächeln eine positive Reaktion zeigt und zurücklächelt, geht's weiter mit Stufe 2!

### Stufe 2: Rein in die persönliche Zone!

Endlich ist es soweit: Du hast die Weichen gestellt – der Zug muss sich nur noch ins Rollen setzen. Jetzt liegt es an dir, die Initiative zu ergreifen. Warte am besten eine Situation ab, in der dein Flirtpartner alleine ist, denn dann ist die Chance für eine erfolgreiche Annäherung am größten. Geh l…a…n…g…s…a…m und mit sicherem Schritt in die persönliche Zone. Als D- oder K-Typ solltest du darauf achten, dass du nicht auf deinen Flirtpartner zustürmst und ihn somit überrollst. Dein „Opfer" muss sich schließlich erst auf die kommende, neue Situation einstellen. Hast du die persönliche Zone deines Flirtpartners erreicht, so befindest du dich in der „idealen Flirtdistanz". Wie du weißt, ist es jetzt gar nicht so wichtig, den richtigen Spruch auf Lager zu haben, wichtig ist vor allem die Art und Weise, wie du es sagst – also der erste Eindruck, den du hinterlässt. Sei natürlich und du selbst, und erinner dich an die Wirkung deiner Körpersprache.

### Stufe 3: Das Flirtgespräch
Na also! Du hast deinen inneren Schweinehund überwunden, jemanden angesprochen und dank deines bisherigen Flirtwissens auch eine nette Antwort bekommen. Worauf es im Flirtgespräch ankommt, erfährst du jetzt:

### Achtung: Nicht zu schnell „auf die Pelle" rücken!
Du bist nun schon sehr weit gekommen. Damit du dir das bisher „Erarbeitete" nicht sofort wieder zerstörst, *begib dich nicht zu schnell in die Intimzone deines Flirtpartners*. Natürlich sind „zufällige" Berührungen in einer solchen Situation oft sehr prickelnd, dagegen ist auch nichts einzuwenden. Beginnst du aber sofort, einen engeren Körperkontakt aufzubauen, ohne dass du weißt, wie dein Partner dies interpretiert, wirst du damit viele Menschen verschrecken und eine Abfuhr kassieren.

# So kommst du gut ins Reden

Herzlichen Glückwunsch! Bis hierhin hast du dich wie ein Flirtprofi verhalten. Doch wie kommst du jetzt gut ins Reden, und wie gelingt es dir, das Gespräch auch eine Weile in Gang zu halten? Die folgenden Kommunikationsregeln werden dir dabei sicher eine große Hilfe sein. Wie beim gesamten Flirt spielt auch während des Gesprächs vor allem deine Körpersprache eine entscheidende Rolle. Denk immer an die Signale, die dein Körper deinem Flirtpartner sendet, und achte zugleich auch auf die Körpersprache deines Flirtpartners.

### Du bist kein Polizist!

Um gut ins Gespräch zu kommen, vermeide es möglichst, geschlossene Fragen zu stellen, auf die dein Flirtpartner nur mit „ja" oder „nein" antworten kann. Das Gespräch wird dann schnell zu einem einseitigen „Verhör" und kann leicht scheitern. Deshalb: Formuliere deine Fragen offen – so lockst du deinen Flirtpartner aus der Reserve und signalisierst Interesse an ihm. Offene Fragen sind alle W-Fragen, z.B. „*Was* hältst du von 'Reality Shows' ('Soaps')?", „*Welcher* Film (*welche* Musikgruppe) gefällt dir zur Zeit besonders gut und *warum*?", „*Wohin* gehst du abends am liebsten?" etc. Auf solche Fragen kann dein Flirtpartner mit einer längeren Antwort reagieren.

## Halbe-halbe machen!

Während des Gesprächs solltest du darauf achten, dass deine Redeanteile und die deines Flirtpartners ungefähr gleich viel Zeit einnehmen. Das sogenannte *„50:50-Prinzip"* besagt, dass die Qualität und Länge eines Gesprächs steigen, je gleichwertiger die Redeanteile verteilt sind. Deshalb:

● Brems dich, wenn du ein K-Typ bist – gib deinem Flirtpartner durch Pausen die Chance, sich einzuklinken.

● Für I-Typen gilt: Lass dir nicht alles „aus der Nase ziehen". Ergreif das Wort und sag, was du denkst.

## Flirtprofis hören „aktiv" zu

Ein gutes Flirtgespräch zeichnet sich immer auch dadurch aus, dass beide Gesprächspartner „aktiv" zuhören und die Meinung des Anderen respektieren. *„Aktives Zuhören"* bedeutet, dass du nachfragst, wenn dir etwas unklar ist und auch während der Andere redet durch deine Mimik und Gestik (z.B. Kopfnicken, Lächeln…) ausdrückst, dass du zuhörst und interessiert bist. Damit dein Flirtpartner eure Unterhaltung genießen kann:

● Sei vorsichtig mit vorschneller Kritik – hör stattdessen offen und vorurteilsfrei zu. Alles andere könnte besserwisserisch wirken.

● Hör „aktiv" zu – zeig auch nonverbal durch Mimik und Gestik, dass du dem Gespräch folgst.

● Vermeide das „man". Sprich in der „Ich-Form" – das signalisiert Selbstbewusstsein.

### Flirten ist wie Angeln…

Eine der wichtigsten Kommunikationstechniken beim Flirten ist die *„Angel-Technik"*. Damit ein gutes und interessantes Gespräch zwischen dir und deinem Flirtpartner zustande kommt, müsst ihr erst einmal ein Thema finden, das euch beide interessiert. Du kannst dabei ganz leicht die Initiative ergreifen: Versuch alle Anknüpfungsmöglichkeiten, die sich aus eurem Gespräch und der Situation ergeben, zu nutzen. Dazu brauchst du einen Köder und eine gute Beobachtungsgabe. Zu Beginn eures Gesprächs „testest" du unter Berücksichtigung der anderen Regeln mehrere Themen und wartest, auf welches dein Flirtpartner am besten reagiert. Beobachte seine Mimik und hör aufmerksam zu. Irgendwann wird er sicher „anbeißen", dann hast du dein Gesprächsthema gefunden. Jetzt musst du nur noch darauf eingehen und deinen Flirtpartner „an Land ziehen".

### „Das ist bei mir ja ganz genauso!"

Ein weiterer Trick, mit dem du ein Gespräch „ankurbeln"
kannst, ist, irgendwelche Gemeinsamkeiten zwischen dir
und deinem Flirtpartner herzustellen, z.B. Hobbys, gemeinsame Freunde und Bekannte, Lieblingsfilme und -musik
etc. Hör aufmerksam zu, um diese „versteckten" Gemeinsamkeiten zu entdecken. Je schneller ihr auf einen gemeinsamen Nenner kommt, desto angeregter und interessanter
wird das Gespräch verlaufen.

### Darüber spricht „man"

Ein Flirtgespräch soll Spaß machen. Wichtig ist deshalb die
Themenwahl eures Gesprächs:

- Aktuelle Themen: TV-Sendungen, Musik, Sport, Politik,
  Skandale etc.
- Hobbys, gemeinsame Freunde und Bekannte, gemeinsame Lehrer etc.
- Themen, die sich aus der Flirtsituation ergeben: Etwas
  passiert gerade in eurer Nähe, ihr seht etwas oder ihr
  hört etwas.
- Außerdem: keine „Intim-Beichten"! Erzähl nicht von
  großen Problemen, die dich belasten. Dein Flirtpartner
  könnte schnell damit überfordert sein – wie soll er
  wissen, ob du Trost suchst oder nur ein paar Ratschläge
  haben willst?!

# Auf einer Welle

## schwimmen

Hast du schon einmal die Körpersprache von zwei Freundinnen beobachtet, die in ein Gespräch vertieft sind, oder die Körpersprache von zwei Männern, die in einer Kneipe an der Theke miteinander reden? Sie haben oft eine ganz ähnliche Haltung, das heißt, sie sitzen oder stehen ähnlich, ihre Mimik und Gestik ähneln sich, bis dahin, dass sie zur gleichen Zeit zum Getränk greifen oder in fast demselben Moment die Beine übereinander schlagen. Auch in Talkshows, z.B. bei Harald Schmidt, Stefan Raab, J. B. Kerner u.a., kannst du dieses Phänomen beobachten.

Auf der non-verbalen Ebene der Körpersprache signalisieren sich Menschen so unbewusst, dass sie eine gute Beziehung zueinander haben. Erst wenn die Beziehung gut ist, sind sie auch bereit, Inhalte auszutauschen und einander zuzuhören. Dieses Verhalten kannst du dir zu Nutze machen und bewusst einsetzen:

### Schritt 1: Spiegeln

Achte auf die Körperhaltung und Gestik deines Flirtpartners und versuch sie zu spiegeln – so demonstrierst du Übereinstimmung und kommst schneller auf einen gemeinsamen Nenner. Aber Achtung: Tu dies nicht zu auffällig!

### Schritt 2: Folgen

Verändert dein Flirtpartner seine Körpersprache während des Flirtens, dann folge ihm in gleicher Weise.

### Schritt 3: Führen

Dies ist der „Königsschritt"! Veränderst du nun minimal deine Körpersprache und dein Flirtpartner folgt dir unbewusst, dann kannst du sicher sein, dass du ihn „in der Tasche hast". Achte darauf, dass du dabei keine für deinen Flirtpartner untypische Haltung einnimmst, z.B. Mädchen werden sich nicht breitbeinig hinsetzen.

---

*Zusammenfassung*

- ● Geflirtet wird (fast) immer nach den gleichen Regeln: Beginne einen Flirt mit dem Blickkontakt aus der öffentlichen Zone. Nach einer positiven Reaktion deines Flirtpartners näherst du dich seiner persönlichen Zone, um ihn anzusprechen.
- ● Stell beim Kennenlernen offene Fragen, um das Gespräch erfolgreich in Gang zu setzen. Achte auf gleiche Redeanteile und hör „aktiv" zu. „Angle" dir deinen Flirtpartner, indem du alle Anknüpfungsmöglichkeiten während des Gesprächs nutzt.
- ● Während des Gesprächs stellst du durch „Spiegeln" erste Gemeinsamkeiten auf der Beziehungsebene zu deinem Flirtpartner her.

# 4. Die ultimative Flirt-Pannenhilfe

**Wo nimmst du den Mut zum Flirten her?**

**Was sagst du beim ersten Kontakt?**

**Was kannst du gegen die Angst vor einer Abfuhr tun?**

Alex sah sie. Ihr Name war Jenny. Sie war blond und ging in die Parallelklasse. Sie war ihm schon seit längerer Zeit aufgefallen. Nun saß sie alleine auf einer Bank und war in eine Zeitschrift vertieft. „Das ist die Chance meines Lebens", dachte Alex, nahm sich ein Herz und ging auf sie zu. Neben der Bank, auf der sie saß, blieb er stehen.

„Hi", sagte er, ohne sie dabei anzuschauen. Völlig überrascht schaute sie nach oben und entgegnete kurz „Hi", bevor sie sich wieder ihrer Musikzeitschrift widmete. Alex wurde sichtbar ungeduldig. „So'n Mist, was soll ich jetzt tun?", fragte er sich. Da jetzt keine Zeit war, den großen Bruder um Rat zu fragen, musste er schnell handeln. „Darf ich mich neben dich setzen?", kam es unsicher aus ihm heraus. Jenny stand auf und ging.

**Und was sagt nun der Flirt-Experte?**
Du denkst jetzt bestimmt: Was für eine Lusche. Hätte er vorher Blickkontakt aufgenommen. Hätte er sich nicht einfach blöd neben sie gestellt. Hätte er sie auf ihre Zeitschrift angesprochen. Hätte er vorher den großen Bruder um Rat gefragt. Ja, hätte er, hätte er…

Aber trotz deines nun phänomenalen Flirtwissens kann beim Flirten immer etwas schiefgehen. Selbst die besten Flirter müssen immer wieder Rückschläge hinnehmen. Und das ist übrigens auch nicht schlimm!

Du hast Geschmack am Flirten gewonnen, doch dir fehlt der Mut – das letzte Fünkchen Energie, um endlich loszulegen.

**Analysiere! Was ist der Grund?**
Um dieses „Problem" in den Griff zu bekommen, hilft dir vielleicht eine kurze Selbstanalyse. Was hindert dich daran, dich mit Spaß und Elan in ein nächstes Flirtvergnügen zu stürzen? Befürchtest du,

● dass es dir peinlich ist?
● dich zu blamieren?
● als „Loser" vor anderen dazustehen?
● enttäuscht zu sein, falls es „in die Hose" geht?

Fertige eine Liste deiner persönlichen Gründe an und stell dir dann die Frage: Sind das echte Gründe, um aufs Flirten zu verzichten? Unsere Antwort auf tausend Gründe lautet: Nein! Denn dazu ist es einfach viel zu schön!

**Was kann im schlimmsten Fall passieren?**
Stell dir deine nächste Flirtsituation genau vor. Eine gute Technik ist, herauszufinden, was alles schiefgehen kann. Mal dir ganz deutlich und bunt dein persönliches Horrorszenario aus, z.B.:

- Auf dem Weg zum Flirtpartner stolpere ich.
- Ich werde rot und beginne zu stottern.
- Ich bekomme Pickel.
- Ich weiß nicht mehr, was ich sagen soll.
- Ich vergesse meinen Namen und meinen Wohnort.
- Ich bekomme einen Kloß im Hals.
- Meine Knie zittern.
- Ich werde ausgelacht.

etc.

Diese Vorstellungen werden dir beim Flirten in der Zukunft eine große Hilfe sein. Zum einen weißt du bereits, was alles passieren könnte und zum anderen wirst du in deiner nächsten Flirtsituation begeistert sein, wenn du merkst, dass die meisten deiner Befürchtungen gar nicht eintreten.

**Schreib dein persönliches Flirt-Heldenepos!**

Nachdem du dir jetzt Gedanken gemacht hast, was im schlimmsten Fall passieren kann, ist es nun an der Zeit, dass du dich in eine positive Flirtstimmung bringst. Und dies tust du am besten, indem du dir deinen optimalen Flirt vorstellst.

Denk noch einmal an alles, was du bislang in diesem Buch gelesen und gelernt hast. Überleg dir, wie du dieses Wissen in einen erfolgreichen Flirt umsetzen kannst. Nimm nun Stift und Papier zur Hand und schreib deine persönliche Flirtgeschichte: In dieser Geschichte bist du der Held bzw. die Heldin und eroberst deinen Flirtpartner mit all deinem Flirtgeschick.

**Sprich mit einem Freund oder einer Freundin!**

Oft hilft das Gespräch mit einem guten Freund oder einer guten Freundin. Ihnen fällt es leicht, dir Mut zuzusprechen und dir persönliche Tipps geben. Wenn gar nichts mehr geht, kannst du dich auch gern mit uns in Verbindung setzen: hilfe@flirtprofis.de

Schildere uns dein Problem und wir helfen dir, eine Lösung zu finden.

**Augen zu und durch!**

Wenn wir bis jetzt noch nicht alle deine Befürchtungen aus dem Wege räumen konnten, dann hilft vielleicht dieses Vorgehen:

Hast du dein nächstes „Flirtopfer" erspäht, dann beginn sofort mit dem Flirten. Denk nicht weiter nach und leg einfach los: Atme tief durch und starte dann direkt mit Stufe 1 „Blickkontakt aufnehmen", geh über zu Stufe 2 „Dem Flirtpartner nähern" usw. (siehe Seite 42 ff.).

Die meisten Flirtregeln wirst du nach dem Lesen dieses Buches sowieso unbewusst befolgen.

Denk daran: Wenn du erst einmal ein Erfolgserlebnis beim Flirten gehabt hast, wird dich das beflügeln. Einen Flirterfolg kannst du letztendlich aber nur verbuchen, wenn du es auch versuchst. **Also trau dich!**

# Wenn du nicht weißt,

## was du sagen sollst

Von vielen Teilnehmerinnen und Teilnehmern unserer Flirt-kurse hören wir immer den Einwand „Aber ich weiß doch nicht, was ich dann sagen soll" oder die Frage „Was kann ich sagen, wenn ich auf einen Flirtpartner zugehe?" Vergiss es!

**Fast alles ist erlaubt**

93 Prozent deines ersten Eindrucks gehen von deiner Körpersprache aus – entscheidend ist es also zunächst, *wie* du deine Worte rüberbringst:

● sympathisch,
● offen,
● ehrlich.

Zerbrich dir nicht vorher den Kopf darüber, was du sagen sollst. Beim Flirten ist immer spontanes Verhalten besser, das sich aus der Situation schon von selbst ergibt.

**Neun Sprüche, die „einschlagen" könnten**

Solltest du trotzdem auf „Flirtsprüche" stehen, findest du auf der nächsten Seite eine Auswahl erprobter Sprüche. (Vorsicht! Keine Erfolgsgarantie!)

1. „Glaubst du an die Liebe auf den ersten Blick oder soll ich noch einmal reinkommen?"

2. „Sag mal, tun dir nicht schon längst deine Beine weh?" (Antwort: „Nein, wieso?") „Du gehst mir jetzt schon die ganze Zeit durch den Kopf."

3. „Oh, Mist. Ich habe meine Telefonnummer vergessen. Könnte ich vielleicht deine haben?"

4. „Hallo, kenne ich dich nicht? Du bist doch das Mädchen/ der Junge mit dem wunderschönen Lächeln."

5. „Entschuldige, aber wie würdest du gerne angesprochen werden?"

6. „Das ist aber nett, dich kennen zu lernen. Ich bin übrigens (dein Name) und du bist (kurze Pause) – wunderbar."

7. (Wenn sie/er geht) „Sag mal, hast du was vergessen?" (Frage: „Nee, was?") „Na mich!"

8. „Entschuldige, du hast da ein „Piep" auf der Nase. (Frage: „Ein was?") – Dann drückst du deinem Flirtpartner leicht auf die Nase und sagst: „Piiiep!" Entweder sie/er lacht oder du entschuldigst dich.

9. „Wie fühlt man sich so, wenn man das schönste Mädchen/ der schönste Junge im Raum ist?"

Wenn du einen guten Spruch „auf Lager hast", der sich bereits bewährt hat, so würden wir uns über einen Eintrag im Forum unserer Homepage www.flirtprofis.de sehr freuen!

## einen „Korb" bekommst

Hast du Angst vor einer Abfuhr? Hast du bereits „Körbe" einstecken müssen? Es gibt 1000 Gründe für einen Korb. Oft liegt es gar nicht an dir, sondern an deinem Flirtpartner, weil

● er Ruhe benötigt und gerade alleine sein möchte,
● er schlechte Erfahrungen mit „Anmachern" gemacht hat,
● er gerade keine Lust auf einen Flirt hat,
● er in Gedanken versunken ist oder
● schlecht drauf ist.

Vielleicht bist du auch nicht der Typ, den dein Flirtpartner gerne kennen lernen möchte. Keiner ist jedermanns Typ. Aber keine Sorge: Es gibt genügend Menschen, die dich mögen und dich sehr gerne kennen lernen möchten.

**Du bist kein Hellseher!**
Du kannst nie voraussehen, wie ein Flirt letztendlich ausgeht. Die Wahrscheinlichkeit, dass du beim Flirtpartner gut ankommst, ist aber meistens höher als du annimmst. Nicht jeder Flirt kann erfolgreich verlaufen. Selbst gute Flirter haben „nur" eine „Trefferquote" von maximal 60 bis 70 Prozent. Also verzweifle nicht, wenn es beim ersten, zweiten und vielleicht auch dritten Mal noch nicht klappt.

**Übung macht den Meister**

Du kannst von jedem „Korb" lernen, wenn du später darüber nachdenkst, was beim Flirt schiefgelaufen ist und warum du nicht erfolgreich warst. Mit jedem Korb steigt deine Flirterfahrung. Lerne aus den Fehlern, die du gemacht hast und werde so besser, besser, besser…

Es gibt jeden Tag die Möglichkeit zu einem Flirt. Das sind in einem Flirtleben ungefähr 20.000 Möglichkeiten. Was macht es also, wenn nach einem „Korb" nur noch 19.999 Möglichkeiten bleiben.

Eines ist jedoch klar: Der Schmerz nach einer verpassten Chance ist meistens größer als der Schmerz eines Misserfolgs. Das gilt übrigens nicht nur fürs Flirten!

*Die kürzeste Zusammenfassung*

**Trau dich – es lohnt sich!**

## Schlusswort der Autoren

Hoffentlich hattest du eine Menge Spaß beim Lesen und hast eine Menge hilfreicher und neuer Erkenntnisse gewonnen. Denk daran, dass dir dein neues Wissen nicht nur beim Flirten eine große Hilfe sein wird. *Unsere Tipps zum erfolgreichen Kommunizieren sind überall im Leben wichtig.* Ob beim Reden mit Lehrern, beim „Verhandeln" mit Eltern, bei mündlichen Prüfungen und später bei Vorstellungsgesprächen: Überall musst du dich erfolgreich in Szene setzen und überall hilft dir eine gute Kommunikation.

**Also viel Spaß und Erfolg**
**– natürlich und vor allen Dingen beim Flirten –**

**wünschen dir**
**Dirk Konnertz & Dirk Jennemann**
**(www.flirtprofis.de)**

# Weiterführende Bücher

Hipp, Barbara:
*Selbstbewusstsein – fit in 30 Minuten*
Offenbach: GABAL Verlag 2000

Konnertz, Dirk:
*Mehr melden – Selbstsicherheit gewinnen*
Stockheim: Schmidt Verlag 1998

Molcho, Samy:
*Körpersprache*
München: Goldmann Verlag 1996

## Ferienseminare & Coaching

Die **LernTeam-Ferienseminare** verbinden erfolgreiches Lernen mit einem attraktiven Freizeitangebot. Neben Lernmethodik, Rhetorik und den schulischen Hauptfächern finden zahlreiche sportliche und kreative Aktivitäten statt.

In unserem **Coaching** werden Schülerinnen und Schüler über das gesamte Jahr von einem erfahrenen Trainerteam begleitet. Im Mittelpunkt steht die persönliche und schulische Weiterentwicklung Ihres Kindes - für mehr Erfolg, Motivation und Lernspaß.

Gregor Assfalg aus Ravensburg

"Nach acht Schuljahren habe ich endlich erlebt, was Motivation ist!"

Info unter:
**Das LernTeam**
**Dirk Konnertz &**
**Christiane Sauer**
**Frankfurter Str. 42**
**35037 Marburg**
**Fon: 06421-169690**
**Fax: 06421-1696929**
e-mail: info@lernteam.de
Internet: www.lernteam.de

# Kennst du schon die anderen Bücher aus der Reihe „Kids auf der Überholspur"?